Weihnachtskerzen

Bald ist es wieder soweit, Weihnachten steht vor der Türe! Die herrliche Adventszeit beginnt, in der Plätzchenduft den Raum erfüllt, Freunde und Verwandte zum Teil nach langer Zeit wieder zusammentreffen und Kerzen Räume und Fenster erhellen. Gerade in den kalten Wintertagen verströmt nichts mehr Behaglichkeit, als ihr flackerndes Licht. Und womit sonst lässt sich im Handumdrehen eine entspannte, festliche Atmosphäre schaffen wie mit einer Kerze?

In diesem Buch habe ich eine große Vielfalt an Kerzendessins für Sie zusammengestellt: Es sind ganz edel gestaltete Kerzen dabei, aber auch wunderbar verspielte und lustige Lichter. Alle Ideen eignen sich natürlich auch zum Verschenken, zum Beispiel in einer stilvollen, schnell selbst gemachten Geschenkverpackung, die ich ebenso für Sie entworfen habe.

Ich wünsche Ihnen eine schöne Weihnachtszeit!

Ihre

Die Motive lassen sich in folgende Schwierigkeitsgrade unterteilen:

● ○ ○ einfach ● ● ○ etwas schwieriger ● ● ● anspruchsvoll

IHRE GRUNDAUSSTATTUNG

Die folgenden Hilfsmittel werden fast immer benötigt. Halten Sie sie bitte stets bereit.

- Cutter oder Präzisionsmesser mit Schneideunterlage
- feine Perforiernadel/Prickelnadel oder an Schaschlikstäbchen geklebte Nähnadel (mit Klebeband)
- Metalllineal
- festes Transparentpapier
- Bleistift
- Klebefilm
- Schere und Nagelschere
- Schaschlikstäbchen, Zahnstocher
- Klebewachsplättchen
- Föhn
- Metallbürste (für Gravurtechnik)
- verschiedene Pinsel
- Plastikteller und Glas

Materialkunde

Kerzen sind in unterschiedlichen Formen, Farben und Größen im Fachhandel erhältlich. Am häufigsten werden sogenannte Stumpenkerzen benutzt, gut geeignet zum Verzieren sind aber auch quadratische und flachrunde (ovale) Kerzen, weil sie eine größere Fläche zum Dekorieren haben. Achten Sie beim Kauf auf eine gute Qualität, die eine längere Brenndauer garantiert.

Wachsplatten (Wachsfolien) werden mit verschiedenen Oberflächen angeboten: z. B. einfarbig, gemustert, gestreift, marmoriert, glänzend, matt, metallic und irisierend. Die Platten sind meistens 10 cm x 20 cm groß und 1 mm dick. Sie haften bei Zimmertemperatur auf der Kerze ohne Kleben, sie werden einfach angedrückt.

Wachszierstreifen (rund, flach und mit Perlmuster) sind in verschiedenen Breiten (1–5 mm) in Silber und Gold erhältlich. Sie dienen zum Einfassen von Motiven und zum Anfertigen von Schriftzügen, Buchstaben, Zahlen und Symbolen. Es gibt sie auch in Regenbogenfarben. Wie die Wachsplatten sind die Wachszierstreifen meist 20–22 cm lang und damit nur für Kerzen bis 7 cm Durchmesser geeignet.

Für **Beschriftungen** kann man fertige Wachsbuchstaben oder Zahlen benutzen oder man schneidet diese aus Wachsplatten aus bzw. formt sie aus dünnen Wachszierstreifen. Eine schnelle und günstige Alternative sind Klebeschriften (sogenannte Peel-Off-Sticker), die allerdings nur im unteren Bereich der Kerze angebracht werden sollten.

Hinweise

- Lassen Sie die Kerzen nie unbeaufsichtigt brennen!
- Bei Wachsplatten oder Zierstreifen, die um die Kerze herumgeführt werden, ist keine Länge angegeben, da der Kerzendurchmesser je nach Hersteller etwas variiert. Messen Sie deshalb die benötigte Länge (Umfang) vor dem Zuschneiden mit einem Maßband ab.
- Die Schnittstellen von um die Kerze herum geführte Verzierungen sollten immer auf der Rückseite sein, damit sie nicht auffallen.
- Trennen Sie schmale Wachszierstreifen zunächst paarweise ab, erst dann einzelne Streifen.
- Strasssteine, Acryl-Halbperlen usw. werden zum Fixieren einfach in die Wachsplatte gedrückt. Sollten Sie nicht halten, können auch Klebewachsplättchen oder spezieller Kerzenkleber verwendet werden.
- Das Schutzpapier von der Rückseite der Wachsplatte erst entfernen, wenn das Motiv ausgeschnitten ist. Sonst kann die Platte am Arbeitsplatz haften bleiben.

So wird's gemacht

Wachsplatten gestalten

1 Transparentpapier auf den Vorlagenbogen legen und mit einen Bleistift die ausgewählte Form abpausen. Diese auf einem dünnen Karton kleben und ausschneiden. So entsteht eine Schablone, die man mehrmals benutzen kann. Für den einmaligen Gebrauch genügt eine Schablone aus festerem Transparentpapier. Schriften und Schnörkel können mit der doppelten Transparentpapier-Methode übertragen werden: das Motiv abpausen, auf der Rückseite mit einem weichen Bleistift nachzeichnen, dann auf der Kerze platzieren und durchzeichnen.

2 Die Schablone auf die Wachsplatte (auf einer Schneideunterlage) legen und das Motiv mit Cutter oder mit der Nadel (mit Klebefilm an einem Schaschlikstäbchen befestigt) oder Perforiernadel ausschneiden.

3 Die ausgeschnittene Form vorsichtig aus der Wachsplatte lösen und auf die Kerze drücken. Ebenso Wachszierstreifen anbringen. Achten Sie darauf, dass Ihre Hände beim Arbeiten warm sind, dann lässt sich die Wachsplatte besser formen und haftet auch besser auf der Kerze. Eventuell mit einem Föhn (niedrige Stufe) die Wachsplatte oder die Form leicht anwärmen. Cremen Sie die Hände vor dem Arbeiten mit Wachs nicht ein!

Malen mit Wachsfarbe

1 Eine transparente Wachsplatte mit Klebefilm auf der Zeichnung fixieren und diese mit einem schwarzen oder goldenen Wachsstift (mit aufgesetzter Metalldüse Nr. 7 oder 9) nachfahren. Die Konturen gut trocknen lassen und das Motiv danach mit bunten Wachsstiften ausmalen. Oder die Farbe auf einen Teller geben und mit einem Pinsel auftragen, ggf. zweimal.

2 Das bunte Motiv nach dem Trocknen mit Cutter, Nadel oder Nagelschere ausschneiden und auf die Kerze drücken.

Gesichter gestalten

1 Auf eine weiße Wachsplatte mithilfe eines flachen Pinsels hautfarbene Wachsfarbe (aus dem Stift) geben und gleichmäßig verteilen. Auch Acrylfarbe mit etwas Kerzenmalmedium gemischt kann verwendet werden.

2 Für die Augen schwarze Wachs- oder Acrylfarbe mit einem Schaschlikstäbchen aufsetzen. Für den Mund einen dünnen Pinsel und rote Farbe benutzen. Wangen mit einem Wattestäbchen und wenig Farbe röten. Die Form anschließend ausschneiden.

So wird's gemacht

Gravurtechnik

1 Das Malerkreppband rund um die Kerze kleben und gut andrücken. Evtl. doppelkt auflegen, damit der obere Bereich der Kerze nicht zerkratzt wird. In den unteren Teil der Kerze mit einem Prägestift oder einer Metallbürste waagerecht und senkrecht Linien einritzen. Die Kerze mit einem Pinsel putzen und mit Acrylfarbe, gemischt mit Kerzenmalmedium, von oben nach unten bemalen. Besonders schön wirken Gold und Silber.

2 Nach dem Trocknen das Malerkreppband entfernen und den Rand eventuell mit einem Wachszierstreifen verdecken.

Hintergründe gestalten

1 Die gewünschte Form rundherum mit Malerkrepp abgrenzen und das Band gut an der Kerze andrücken, damit die Farbe beim Malen nicht darunter fließt.

2 Die Wachsfarbe oder Acrylfarbe mit Kerzenmalmedium gemischt auf die Kerze auftragen, entweder mit einem Stupfpinsel oder einem flachen weichen Pinsel. Auch Wachsplatten können so bemalt werden (siehe Seite 18).

Verzierungen gestalten und anbringen

Wachsmotive lassen sich auch mit Ausstechern – ideal beim Basteln mit Kindern – anfertigen und sogar Motivlocher können verwendet werden. Beachten Sie aber, dass die Platte gut in den Locher eingeschoben werden kann und legen Sie sie zuvor für einige Minuten ins Tiefkühlfach. Den Motivlocher beim Stanzen mit der Stanzform nach oben zeigend halten und das Motiv mit einem Cutter vorsichtig herausnehmen. Bei nicht zu filigranen Motiven funktioniert das auch mit Wachsplatten in Zimmertemperatur.

Nikolaus

→ launiges Trio

MOTIVHÖHE
ca. 30 cm

MATERIAL
- Spitzkerze in Rot, Rosa oder Violett, ø 2,3 cm, 30 cm hoch
- Wachsplatten in Weiß, Beige und Rot
- Wachsstift oder Acrylfarbe in Schwarz

VORLAGENBOGEN 2B

1 Die Motivteile ausschneiden. Die Teile für Gesicht und Mützenrand müssen so lang wie der Kerzenumfang sein.

2 Das Gesichtsteil aufsetzen, dann Mützenrand, Bart und danach Schnurrbart mit Nase ergänzen. Für letztere etwas rote Wachsplatte zur Kugel rollen und etwas flach drücken. Die Augen mit einem Zahnstocher und schwarzer Farbe aufsetzen.

Tipp: Solch ein Nikolaus ist ein tolles Last-minute-Geschenk! Das Anfertigen dauert keine zehn Minuten. Auch die Weihnachtstafel kann damit dekoriert werden.

MOTIVHÖHE
ca. 10–20 cm

MATERIAL
KERZE RECHTS

- Flachkopfkerze in Orange, ø 8 cm, 10 cm hoch
- Wachsplatten in Beige, Gold glänzend und Dunkelrot
- Motivlocher: Spirale, ø 1,5 cm

HINTEN

- Flachkopfkerze in Dunkelrot, ø 7 cm, 20 cm hoch
- Wachsplatten in Gold glänzend, Rot und Orange
- 2 runde Wachszierstreifen in Gold, ø 1 mm
- 7 Strasssteine in Rot, ø 5 mm
- Motivlocher oder Ausstecher: Stern, ø 2,5 cm

LINKS

- Flachkopfkerze in Terrakotta, ø 7 cm, 15 cm hoch
- Wachsplatten in Gold glänzend, Dunkelrot, Rot und Orange gestreift
- 7–10 Strasssteine in Rot, ø 5 mm

VORNE

- Flachkopfkerze in Creme (Beige), ø 7 cm, 10 cm hoch
- Wachsplatten in Dunkelrot, Orange, Rot und Gold glänzend
- runder Wachszierstreifen in Gold, ø 1 mm

VORLAGENBOGEN 1A

Warme Farben

→ im edlen Mustermix

Kerze in Orange (rechts)

Den beigefarbenen Streifen rundherum an die Kerze drücken und oben und unten die dunkelroten Streifen anbringen. Die Spiralen mit dem Motivlocher ausstanzen und aufsetzen.

Kerze in Dunkelrot (hinten)

1 Das rote Rechteck um die Kerze herum anbringen und oben und unten die orangefarbenen Streifen ansetzen. An die Übergänge die Zierstreifen setzen.

2 Die Sterne ausstanzen, -stechen oder -schneiden und gleichmäßig verteilt anbringen. Die Strasssteine eindrücken bzw. mit Wachsklebeplättchen fixieren.

Kerze in Terrakotta (links)

Die Streifen zuschneiden. Für die Streifen mit Wellenrand evtl. eine Schablone anfertigen. Dann gemäß Abbildung dicht aneinander auf die Kerze setzen. Die Strasssteine eindrücken bzw. mit Wachsklebeplättchen fixieren.

Kerze in Creme (vorne)

Alle Streifen entsprechend dem Kerzenumfang zuschneiden und aufsetzen. Die kleinen Blätter mit einem Cutter aus einem goldenen Streifen anfertigen (siehe Vorlage). Einen Wachszierstreifen gemäß Abbildung auf die Kerze setzen und die Blätter positionieren.

Tipp: Mit den Mustern können auch Stielkerzen verziert werden. Bei der Kerze hinten sehen auch Herzen statt Sterne schön aus oder Eiskristalle zusammen mit blauen Wachs- und silberfarbenen Zierstreifen.

Rentier und Tanne

→ verspielt und fröhlich

MOTIVHÖHE
ca. 7,5–12,5 cm

MATERIAL RENTIER

- würfelförmige Kerze in Weiß, 7,5 cm groß
- Wachsplatten in Gold glänzend, Rot, Braun und Perlmuttweiß
- Acrylfarbe in Weiß und Mittelblau
- Kerzenmalmedium
- runder Wachszierstreifen in Gold, 1 mm breit

TANNE

- eckige Kerze in Weiß, 7,5 cm x 7, 5 cm, 12,5 cm hoch
- Wachsplatten in Gold glänzend, Braun und Perlmuttweiß
- Acrylfarbe in Weiß und Moosgrün
- Kerzenmalmedium

VORLAGENBOGEN 1A

Rentier

1 Zuerst die gesamte Kerze grundieren. Dafür auf einem Teller mittelblaue Acrylfarbe mit Kerzenmalmedium und auf einem anderen Teller weiße Acrylfarbe damit mischen. Mit einem dicken Pinsel oben die weiße Farbe und nach unten hin die mittelblaue Farbe auftupfen. Die beiden Farbe dann schattieren, dafür mit einem sauberen Pinsel über die Fläche tupfen, so dass ein schöner Verlauf entsteht. Gut trocken lassen.

2 Die Motivteile zuschneiden und aufsetzen: Zuerst das Geweih anbringen, darüber das Körperteil, dann die Nase sowie die Satteldecke und darauf das Herz. Für die Streifen auf Decke und Beinen dünne Wachszierstreifen verwenden. Mund und Augen mit schwarzer Acrylfarbe oder Wachsfarbe malen.

Tannenbaum

1 Die Kerze wie beim Rentier beschrieben mit Acrylfarbe und Malmedium gestalten.

2 Die Motivteile zuschneiden und aufsetzen: Zuerst den Stamm, dann nacheinander das Tannengrün von unten nach oben, zuletzt den Stern. Die Spitzen des Tannengrüns nicht andrücken, sondern mit den Fingern leicht nach außen formen.

Tipp: Passende Geschenkverpackungen für die Kerzen finden Sie auf Seite 25.

Festtagskerzen

→ stilvoll und edel

MOTIVHÖHE
ca. 15 cm

MATERIAL MISTELZWEIG
- ovale Kerze in Weiß, 13,5 cm breit, 15 cm hoch
- Wachsplatten in Dunkelgrün, Gold glänzend und Perlmutthellgrün
- 12 Acryl-Halbperlen in Weiß, ø 5 mm
- Wachsklebeplättchen
- 5-6 runde Wachszierstreifen in Gold, 1 mm breit
- feines Silberpuder

STADT
- ovale Kerze in Weiß, 13,5 cm breit, 15 cm hoch
- Wachsplatten in Gold glänzend, Perlmuttweiß, Hellgrün, Hellblau, Blau, Rosa und Gold gestreift
- je 1 runder Wachszierstreifen in Gold und Silber, 1 mm breit
- Malerkreppband, 3 cm breit
- Acrylfarbe in Weiß und Mittelblau, evtl. Schwarz
- Kerzenmalmedium
- je 1 Acryl-Halbperle in Blau und Weiß, ø 5 mm
- 4 Strasssteine in Weiß, ø 3 mm

VORLAGENBOGEN 1B

Mistelzweig

1 Den Zweig zuschneiden und auf der Kerze anbringen. Dann die Blätter eins nach dem anderen zuschneiden und gleich an den entsprechenden Platz auf der Kerze drücken. In die Mitte jedes Blattes mit einer Nadel eine feine Blattader einritzen.

2 Mit einem leicht angefeuchteten Pinsel etwas Silberpuder auf die Blätter geben. Dann die Perlen mithilfe von Wachsklebeplättchen anbringen.

3 Die Schrift auf Transparentpapier übertragen, auf der Rückseite mit einem weichen Bleistift nachzeichnen und das Papier auf die Kerze legen. Die Buchstaben nachfahren, so wird der Bleistiftgrafit auf die Kerze übertragen. Die Wachsstreifen aufsetzen, leicht andrücken und entsprechend der Vorlage abschneiden.

Festliche Stadt

1 Die Fläche, die blau bemalt werden soll, mit Malerkrepp umkleben und dieses fest andrücken.

2 Die Farben mit Malmedium auf zwei Tellern mischen: einen hellen (viel Weiß) und einen dunkleren Blauton anmischen. Evtl. ein wenig Schwarz dazugeben, damit die Farbe nicht so grell wird. Die Farbe mit einem Pinsel von oben nach unten mit dem hellen Ton beginnend auftragen.

3 Die Motivteile aus Wachsplatten zuschneiden und auf der Kerze zusammensetzen. Verzierungen mit goldenen und silbernen Wachszierstreifen aufsetzen. Die Halbperlen eindrücken oder mit Wachsklebeplättchen befestigen.

FROHES
FEST

MOTIVHÖHE
ca. 10–27 cm

MATERIAL
RUNDE KERZE

- runde Kerze in Weiß, ø 10 cm
- ca. 5 runde Wachszierstreifen in Silber, 1 mm breit
- Wachsplatten in Blau oder Hellblau
- Kerzenmalmedium
- Acrylfarbe in Silber
- 2 Strasssteine in Hellblau, ø 5 mm
- verschiedene Strasssteine in Weiß, ø 3 mm
- Acryl-Halbperlen in Weiß, ø 5 mm

ENGEL

- Flachkopfkerze in Weiß, ø 8 cm, 20 cm hoch
- Wachsfarbe in Blau, Dunkelbraun und Hautfarbe
- Wachsplatten in Hellblau, Weiß, Silber matt und Gold glänzend
- Kerzenmalmedium
- Acrylfarbe oder Acryleffektstift in Perlmuttweiß
- 4 Strasssteine in Weiß, ø 3 mm
- Strassstein in Hellblau, ø 5 mm
- runder Wachszierstreifen in Silber, 1 mm breit

STREIFEN UND STERNE

- Spitzkopfkerze in Weiß, ø 5 cm, 27 cm hoch
- Wachsplatten in Silber und Gold glänzend
- 10 runde Wachszierstreifen in Silber, ø 1 mm
- 4 Strasssteine in Weiß, ø 3 mm
- Motivlocher: Stern, 1,5 cm hoch

VORLAGENBOGEN 1B

Silber-Blaues

→ niedlich und verspielt

Runde Kerze

Den unteren Teil der Kerze in der Gravurtechnik (siehe Seite 4) gestalten. Die Wachszierstreifen in Wellen rund um die Kerze anbringen und mit einem Ende eine Spirale formen. Sterne ausschneiden und aufsetzen. Die Sterne und Streifen mit Strasssteinen schmücken.

Engel

1 Die Acrylfarbe mit Malmedium mischen und auf die Kerze tupfen. Von der hellblauen Platte etwas für Streifen und Kragen zurücklegen, den Rest mit Pinsel und dunkelblauer Wachsfarbe bemalen, so entsteht das Streifendessin für das Kleid. Weiße Wachsfolie für den Kopf hautfarben bemalen. Alles gut trocknen lassen.

2 Die Motivteile zuschneiden. Das Gesicht gestalten (siehe Seite 3). Die Figur auf der Kerze zusammenfügen: Die Zöpfe platzieren, dann Kopf und das Haar mit dem Stern darauf befestigen. Nun die Flügel aufsetzen, danach Kleid, Hände, Kragen und Füße fixieren.

3 Vor dem Aufsetzen des Herzens die Zierstreifen als Armlinien anbringen und die hellblaue Bordüre damit rahmen. Zuletzt die Strasssteine eindrücken oder mit Wachsklebeplättchen fixieren.

Streifen und Sterne

Die Streifenlänge dem Umfang der Kerze anpassen. Die Streifen zuschneiden und aufsetzen, dann mit Wachszierstreifen einfassen. Die Sterne ausstanzen (siehe Seite 4), fixieren und einen Strassstein in die Mitte drücken oder mit einem Wachsklebeplättchen fixieren.

Advent, Advent

→ schöne Adventskerzen

MOTIVHÖHE
ca. 7,5–35 cm

MATERIAL ADVENTSZAHLEN

- 4 würfelförmige Kerzen in Weiß, 7,5 cm groß
- Wachsstifte in Schwarz, Hellgrün, Grün, Gelb, Orange, Rot, Weiß, Hautfarbe, Blau, Hellblau, Silber, Gold, Hellviolett und Lila
- Metallspitze, ø 0,7–0,9 mm

VORLAGENBOGEN 1A

Adventszahlen

1 Die Konturen der Motive mit einem schwarzen Wachsstift, der mit einer Maldüse aus Metall versehen wurde, auf eine transparente Wachsplatte malen. Gut trocknen lassen, dann die Innenfläche bunt gestalten (siehe Seite 3). Verzierungen, wie Punkte, nach dem Trocknen der ersten Farbschicht aufsetzen.

2 Nach dem Trocknen werden die Ornamente ausgeschnitten und auf der Kerze fixiert.

Tipp: Mit den lustigen Zahlen können auch hohe Kerzen mit rundem Querschnitt (Stumpen-kerzen) geschmückt werden, z. B. für einen Adventskranz.

ADVENTSKERZE

- Kerze in Weiß, ø 10 cm, 35 cm hoch
- Wachsplatte in Transparent
- Wachsstifte in Schwarz, Gold, Hellgrün, Grün, Gelb, Orange, Rot, Weiß, Braun und Hellblau
- Metallspitze, ø 0,7–0,9 mm
- evtl. Malerkrepp

Adventskerze

1 Auf die Kerze mit einem Bleistift kleine Linien im Abstand von 1,2 cm machen. Malerkrepp an eine Seite der Linien kleben, damit man beim Aufschreiben der Zahlen eine Orientierung hat. Oder man überträgt die Zahlen mit der Transparentpapiermethode (siehe Seite 3) auf die Kerze.

2 Die Zahlen mit einem goldfarbenen Wachsstift mit aufgesetzter Maldüse aus Metall aufschreiben.

3 Die Konturen der Motive mit einem schwarzen und goldfarbenen Wachsstift, der mit einer Maldüse aus Metall versehen wurde, auf eine transparente Wachsplatte malen. Gut trocknen lassen, dann die Innenfläche bunt gestalten und z. T. schattieren.

4 Nach dem Trocknen werden die Ornamente ausgeschnitten und auf der Kerze fixiert.

Grüße aus dem Norden

→ Schönes in Rot-Weiß

MOTIVHÖHE
ca. 15–20 cm

MATERIAL WICHTEL
- eckige Kerze, 8 cm x 8 cm, 15 cm hoch
- Wachsplatten in Rot, Weiß, Perlmuttweiß, Braun und Gold glänzend
- Wachsstifte in Hautfarbe, Schwarz, Weiß und Rot
- runder Wachszierstreifen in Gold, ø 1 mm

TANNE
- eckige Kerze, 8 cm x 8 cm, 20 cm hoch
- Wachsplatten in Rot, Weiß, Perlmuttweiß und Gold glänzend
- runder Wachszierstreifen in Gold, ø 1 mm

VORLAGENBOGEN 2A

Wichtel

1 Für den rot-weiß karierten Streifen kleine rote Wachsquadrate ausschneiden und auf den weißen Streifen kleben. Diesen am unteren Rand der Kerze befestigen.

2 Die weiße Wachsplatte für Kopf und Hände hautfarben bemalen und das Gesicht wie auf Seite 3 beschrieben gestalten.

3 Alle Motivteile ausschneiden und auf die Kerze setzen: Zuerst Kleid, dann Schuhe, Hände, Kopf mit Mütze. Auf die Schuhe eine Trennlinie aus einem Wachszierstreifen setzen und mit diesen auch die Haare gestalten. Nun die Verzierungen anbringen: Kragen, Herz und Haarschleifen.

Tanne

Den rot-weiß karierten Streifen wie beim Wichtel beschrieben anfertigen. Die anderen Motivteile ausschneiden und auf die Kerze setzen: Zuerst Stamm, Tanne und Stern, dann die Verzierungen auf der Tanne. Für die Bordüre einen Wachsstreifen fixieren und die ausgeschnittenen Blätter ansetzen.

Tipp: Die Motive sehen auch auf Stumpenkerzen sehr nett aus. Statt Wachsfolie in Perlmuttweiß können Sie auch eine cremefarbene verwenden.

Trio in Blautönen

→ Stimmungsvolles für die Winterzeit

MOTIVHÖHE
ca. 8–15 cm

MATERIAL
RUNDE KERZEN

- runde Kerze in Weiß oder Hellblau, ø 8 cm
- Wachsplatten in Weiß oder Perlmutthellblau
- Motivlocher: Schneekristall, ø 2,5 cm

HOHE KERZE

- Flachkopfkerze in Weiß, ø 7 cm, 15 cm hoch
- Wachsplatten in Hellblau und Perlmuttweiß
- 2 runde Wachszierstreifen in Silber, 2 mm breit
- Kerzenmalmedium
- Acrylfarbe in Blau und Silber
- Acryl-Mosaiksteine in 2 x Silber und 1 x Blau, 1 cm x 1 cm
- 2 Strasssteine in Weiß, ø 3 mm
- Motivlocher: Schneekristall, ø 1,8 cm

VORLAGENBOGEN 2A

Runde Kerzen

Die Kristalle mit einem Motivlocher ausstanzen (siehe Seite 4) und auf der Kerze anbringen.

Tipp: Diese Gestaltung sieht auch mit Spitzkerzen sehr hübsch aus.

Hohe Kerze

1 Alle Motivteile aus Wachsfolie ausschneiden und den Kristall ausstanzen (siehe Seite 4). Der linke Teil des hellblauen Rechtecks sowie das hellblaue Quadrat werden mit einer Mischung aus Acrylfarbe und Kerzenmalmedium mit einem Pinsel betupft. Erst etwas blaue, dann silberne Farbe auftragen. Das Quadrat dann auf eine größere weiße Wachsfolie kleben und mit einem Rand von 1 mm ausschneiden.

2 Zuerst die Streifen und danach das Quadrat aufsetzen. Die Zierstreifen sowie den Kristall anbringen und die Mosaik- und Strasssteine ggf. mit Wachsklebeplättchen oder Kerzenkleber fixieren.

MOTIVHÖHE
ca. 7,5–14 cm

MATERIAL ENGELCHEN
- Scheibenkerze in Weiß, ø 14 cm
- Wachsplatten in Silber und Gold glänzend, Perlmuttweiß, Violett, Hellblau und Weiß
- 2 runde Wachszierstreifen in Gold, 1 mm breit
- 12 Strasssteine in Weiß, ø 3 mm
- Acrylfarbe in Schwarz und Pink (Gesicht)

STERNE
- würfelförmige Kerze, 7,5 cm groß
- Wachsplatten in Hellblau oder Hellgrün und Perlmuttweiß
- Wachszierstreifen mit Perlmuster in Gold, 2 mm breit
- 6 Acryl-Halbperlen, in Rosa oder Hellblau gefrostet, ø 5 mm
- Ausstecher oder Motivlocher: Stern, ø 2,5 cm

GESCHENK
- würfelförmige Kerze, 7,5 cm groß
- Wachsplatten in Hellblau, Rosa und Gold glänzend
- Wachszierstreifen mit Perlmuster in Gold, 2 mm breit

QUADRATE
- eckige Kerze, 7,5 cm x 7,5 cm, 12,5 cm hoch
- Wachsplatten in Hellblau, Rosa, Hellgrün und Violett
- 2 Wachszierstreifen mit Perlmuster in Gold, 2 mm breit
- runder Wachszierstreifen in Gold, 1 mm breit
- Mosaiksteine in Blau, Gold, Rosa und Silber, 1 cm groß

VORLAGENBOGEN 2A

Engelchen

→ zwischen Sternen und Geschenken

Engelchen

Die weiße Wachsplatte für den Kopf wie auf Seite 3 beschrieben grundieren und bemalen. Alle anderen Teile ausschneiden und auf der Kerze fixieren: Zuerst werden die perlmuttweißen Flügel aufgeklebt, dann das Kleid mit den Strasssteinen, der Stern, danach die Arme und Beine mit Schuhen. Nun den Kopf aufsetzen und die Haare sowie Schleife und Kragen anbringen. Die weißen Wolken rundum fixieren.

Eckige Kerzen

1 Für die Kerzen mit Sternenband die Wachsstreifen zuschneiden und anbringen. Sie werden mit ausgestanzten Sternen verziert und mit Zierstreifen gerahmt. In die Sternmitten Strasssteine drücken oder mit Wachsklebeplättchen fixieren.

2 Für die hohe Kerze die verschiedenfarbigen Quadrate zuschneiden und sie anbringen. An den Seiten die Wachsstreifen mit Perlmuster aufsetzen- auf den Quadraten einen Wachszierstreifen anbringen. Die Mosaiksteine mit Wachsklebeplättchen befestigen.

3 Bei der Kerze mit Geschenk erst dieses, dann die Einzelteile der Schleife und darüber das Herz sowie die Zierschleife aus einem Wachszierstreifen mit Perlmuster anbringen.

Auguste und der Nikolaus

→ für Klein und Groß

MOTIVHÖHE
ca. 15–21 cm

MATERIAL
GANS

- eckige Kerze in Weiß, 8 cm x 8 cm, 15 cm hoch
- Wachsplatten in Weiß, Perlmuttweiß, Gold und Rot
- Wachs- oder Acrylfarbe in Weiß, Schwarz und Mittelblau
- Kerzenmalmedium
- Malerkrepp, 3 cm breit

NIKOLAUS

- Stumpenkerze in Weiß, ø 8 cm, 21,5 cm hoch
- Wachsplatten in Rot, Gold, Perlmuttweiß und Dunkelbraun
- Acrylfarbe in Weiß, Hautfarbe, Schwarz und Mittelblau
- Kerzenmalmedium
- Malerkrepp, 3 cm breit

VORLAGENBOGEN 2B

Gans Auguste

1 Den Hintergrund wie auf Seite 4 beschrieben mit Malerkrepp reservieren und mit einer Mischung aus Malmedium und Farbe bemalen. Nach dem Trocknen des Untergrundes die weißen Pünktchen mit einem Pinselstiel setzen.

2 Die Motivteile der Gans ausschneiden, das Gesicht wie auf Seite 3 beschrieben gestalten und die Einzelteile aufsetzen. Damit die Farbtöne sich nicht verändern, werden die Motivteile nicht übereinander gesetzt, sondern dicht beisammen aufgesetzt. Zuletzt die Schneefläche anbringen.

Nikolaus

1 Der Hintergrund wird wie bei der Gans beschrieben gestaltet. Die Wachsplatte für das Gesicht wie auf Seite 3 beschrieben bemalen.

2 Das rote Körper-Mützen-Teil auf die Kerze setzen, darauf Gesicht und Hutkrempe sowie Bart anbringen. Dann die Schuhe fixieren und darüber das weiße Mantelfell setzen. Nun noch Handschuhe, den zu einer Kugel gerollten Wachsrest als Knopf, die schmalen Wachsstreifen als Spiralen auf dem Bart und die Nase befestigen.

3 Die Ärmellinien mit schwarzer Farbe, den Lichtpunkt auf der Nase mit weißer zeichnen. Zuletzt die Schneefläche und einen schmalen Streifen am oberen Bildrand fixieren.

Kerzen verpacken

→ einfach und stilvoll

MOTIVHÖHE
ca. 17–29 cm

MATERIAL PRO VERPACKUNG

- Feinwellpappe, geprägter Fotokarton oder anderer dekorativer Karton in Weiß, A3
- Tonpapierrest in Gold
- dünne Goldkordel
- Organzaband in beliebiger Farbe
- Klebeschrift in Gold, ca. 10 cm lang

VORLAGENBOGEN
1 A + 1 B + 2 B

1 Schön zum Verschenken eignen sich selbst gebastelte Kerzenverpackungen aus Wellpappe oder anderen festeren Kartons. Edel sehen diese in Weiß mit Organzaband und Sternen verziert aus, aber ganz nach Geschmack kann der Karton abgewandelt werden. Im Fachhandel finden Sie eine große Auswahl an Musterkartons mit Dessins von edel bis poppig.

2 Die beigelegten Vorlagen sind für 7,5 cm große Würfelkerzen, 8 cm große Kugelkerzen und 20 cm hohe Kerzen mit 7 cm Durchmesser. Für andere Formate kann die Vorlage entsprechend vergrößert werden, Tipps dazu stehen auf dem Vorlagenbogen. Die Verpackung für eckige Kerzen aber braucht für andere Kerzen aus diesem Buch nur in der Höhe angepasst werden, der Grundriss bleibt der gleiche.

3 Den Karton entsprechend der Vorlage mit Cutter und Lineal zuschneiden, an den gestrichelt gezeichneten Linien knicken (vorher leicht mit einer Zirkelspitze anritzen) und zusammenkleben. Damit die Verpackung gut zusammenhält, erst den Boden umklappen und dann die Klebelaschen daran festkleben.

4 Die Verpackung wird mit einem hübschen Band verschlossen. Damit die Zipfel nicht starr nach oben zeigen, können sie über einen Bleistift gewölbt werden. Am Band können noch Sternverzierungen und Schilder mit Namen oder Wünschen angehängt werden.

Tipp: Die Vorlage für die Verpackung kann entweder mit einer Schablone übertragen oder – das ist noch einfacher – auf das Papier kopiert werden.

Frohes Fest

Edles in Goldtönen

→ besonders festlich

MOTIVHÖHE
ca. 8–21,5 cm

MATERIAL
RUND LINKS
- runde Kerze in Weiß, ø 8 cm
- Wachsplatte in Gold matt
- 3 runde Wachszierstreifen in Gold, 1 mm breit
- 12 Strasssteine in Rot, ø 3 mm
- 6 Glas-Halbperlen in Weiß, ø 5 mm

RUND MITTE
- runde Kerze in Weiß, ø 8 cm
- Wachsplatte in Gold matt
- 2 runde Wachszierstreifen in Gold, 1 mm breit
- 2 Strasssteine in Rot, ø 5 mm

RUND RECHTS
- runde Kerze in Weiß, ø 8 cm
- 2 runde Wachszierstreifen in Gold, 1 mm breit
- Kerzenmalmedium
- Acrylfarbe in Gold
- 12–15 Glas-Halbperlen in Weiß, ø 5 mm

KRONE
- Spitzkopfkerze in Weiß, ø 8 cm, 21,5 cm hoch
- Wachsplatte in Weiß, Gold glänzend und Gold gestreift
- 3 runde Wachszierstreifen in Gold, ø 1 mm
- Wachszierstreifen mit Perlmuster in Gold, ø 2 mm
- Malerkrepp, 3 cm breit
- Kerzenmalmedium
- Acrylfarbe in Gold und Bronze
- 3 Glas-Halbperlen in Weiß, ø 5 mm
- 3 Strasssteine in Rot, ø 5 mm
- Motivlocher: Lilie, 2,5 cm hoch

TANNE
- Spitzkopfkerze in Weiß, ca. 20,5 cm hoch
- Wachsplatten in Gold matt, Rot und Perlmuttweiß
- 1–2 runde Wachszierstreifen in Gold, 1 mm breit
- Kerzenmalmedium
- Acrylfarbe in Gold
- 4 Glas-Halbperlen in Weiß, ø 5 mm
- Strassstein in Rot, ø 5 mm

VORLAGENBOGEN 2B

Runde Kerzen

1 Bei der Kerze links den Stern ausschneiden, mit einem Schaschlikstäbchen ein Loch in die Mitte stechen, den Docht durchziehen und den Stern auf die Kerze drücken. Rundum Wachsstreifen aufsetzen und an den Enden die Strasssteine anbringen. An die Sternenden die Glashalbkugeln fixieren, ggf. Wachsklebeplättchen verwenden.

2 Bei der Kerze in der Mitte Wachszierstreifen in Spiralbögen aufsetzen. Das Ganze mit zwei aus Wachsfolie ausgeschnittenen Sternen mit Strasssteinmitte verzieren.

3 Bei der Kerze rechts auf dem Bild den unteren Teil in der Gravurtechnik gestalten (siehe Seite 4). Nach dem Trocknen der Farbe die Zierstreifen wellenförmig anbringen und abschließend die Halbperlen aufsetzen.

Kerze mit Tanne

Den unteren Teil der Kerze in der Gravurtechnik gestalten (siehe Seite 4). Dann die Motivteile ausschneiden und aufsetzen: Zuerst den weißen Stamm und goldenen Baum, dann die Zier-

WEITERFÜHRUNG

Edles in Goldtönen

streifen, danach den roten Stern, zuletzt die Halbperlen (ggf. mit Wachsklebeplättchen).

Kerze mit Krone

1 Die Kerze gemäß Vorlage mit Malerkrepp reservieren und die Flächen mit einem weichen, flachen Pinsel mit der bronze- bzw. goldfarbenen Acrylfarbe-Malmedium-Mischung ausmalen. Das Kreppband gleich danach wieder entfernen und die Farbe trocknen lassen.

2 Die Streifen und die Krone aus Wachsfolie zuschneiden und die Lilien ausstanzen (siehe Seite 4). Alles gemäß Vorlage und Foto auf der Kerze fixieren. Die Krone wird abschließend mit Wachszierstreifen und roten Strasssteinen verziert.

In Winterhausen

→ Schneemann und Eichhörnchen

MOTIVHÖHE
ca. 15 cm

MATERIAL
- eckige Kerze in Weiß, 10 cm x 15 cm, 10 cm hoch
- Wachsplatte in Transparent
- Wachsfarbe in Schwarz, Gold, Silber, Hellblau, Hellgrün, Weiß, Rot und Braun
- Malspitze aus Metall, ø 0,7–0,9 mm

VORLAGENBOGEN 2A

1 Die Konturen der Motive mit schwarzem und silberfarbenem Wachsstift, der mit einer Maldüse aus Metall versehen wurde, auf eine transparente Wachsplatte malen. Gut trocknen lassen, dann die Innenfläche bunt gestalten und z. T. schattieren. Dafür zwei Farben nebeneinander aufsetzen und leicht ineinander verziehen.

2 Nach dem Trocknen werden die Ornamente ausgeschnitten und auf der Kerze fixiert.

Neujahrskerzen

→ nettes Mitbringsel zur Party

MOTIVHÖHE
ca. 10–20 cm

MATERIAL JAHRESZAHL
- Spitzkopfkerze in Weiß, ø 7 cm, 20 cm hoch
- Wachsplatten in Silber matt, Hellrosa, Dunkelrosa, Grün, Rot und Weiß
- 2 runde Wachszierstreifen in Silber, ø 2 mm

ZYLINDER
- runde Kerze in Weiß, ø 10 cm
- runde Wachszierstreifen in Silber, ø 2 mm
- Wachsplatten in Hellrosa, Dunkelrosa, Grün, Schwarz, Rot, Silber glänzend und Weiß
- Malerkrepp, 3 cm breit
- Acrylfarbe in Silber

VORLAGENBOGEN 2A

Jahreszahl

1 Alle Motivteile ausschneiden, für die Ziffern eine dünne, spitze Nadel oder feine Perforiernadel verwenden. Zuerst das Rechteck auf der Kerze fixieren und darüber oben und unten die Wachszierstreifen.

2 Das Schweinchen wie auf Seite 3 beschrieben bemalen und dann auf der Kerze zusammensetzen. Eine Pfote unter dem Kopf, die andere darauf befestigen. Für Kleeblattstiel und Schwanz sehr dünne Wachsstreifen zuschneiden und sie vorsichtig anbringen. Den Marienkäfer auf dem Kleeblatt wird aus einer roten Kugel, die etwas flach gedrückt wird, angefertigt. Er wird dann ebenso wie die Hufe des Schweins mit schwarzer Farbe bemalt.

Schweinchen im Zylinder

Den unteren Bereich der Kerze wie auf Seite 4 beschrieben in der Gravurtechnik gestalten. Das Schweinchen wie oben beschrieben exakt zuschneiden, bemalen und auf der Kerze zusammensetzen. Zuletzt den silberfarbenen Wachszierstreifen anbringen.

2009

Neue Internetseite:
www.piapedevilla.com

Hier finden Sie alle bisher erschienenen Bücher von Pia Pedevilla und können einen Blick in den Inhalt werfen. Außerdem enthalten: jeden Monat drei Gratis-Basteltipps und das aktuelle Kursangebot der Autorin und Designerin.

Die Autorin

Pia Pedevilla lebt in Bruneck (Südtirol). Sie studierte Kunst in Gröden und Werbegrafik in Urbino. Seit Jahren ist sie im Bereich der Illustration und des Designs für Kinder tätig, entwirft Holz- und Stoffspielzeug, didaktische Spiele für Kinder im Vorschulalter, Lichtobjekte und Teppiche. Viele Jahre hat sie an der Grundschule mit Kindern gebastelt und gemalt. Heute leitet sie Fortbildungskurse für Lehrer, interessierte Erwachsene und Kinder. Im frechverlag hat sie mehrere Bücher über verschiedene Arbeitstechniken veröffentlicht.

DIESES BUCH ENTHÄLT 2 VORLAGENBOGEN

Hilfestellung zu allen Fragen, die Materialien und Bastelbücher betreffen: Frau Erika Noll berät Sie.
Rufen Sie an: 05052/911858*

*normale Telefongebühren

IMPRESSUM

Die Autorin dankt den Firmen Hobbygross Erler (Rohrbach), KnorrPrandell (Lichtenfels), Marianne Hobby (Hallerndorf) und Rayher (Laupheim) für die freundliche Unterstützung.

FOTOS: frechverlag GmbH, 70499 Stuttgart; Pia Pedevilla, Bruneck (Seite 3/4), Fotostudio Ullrich & Co., Renningen (alle übrigen)

DRUCK: frechdruck GmbH, 70499 Stuttgart

Auflage:	5.	4.	3.	2.	1.	
Jahr:	2012	2011	2010	2009	2008	[Letzte Zahlen maßgebend]

ISBN 978-3-7724-3717-5
Best.-Nr. 3717